Le plaisir de la côte

The Pleasure of the Coast

J. R. Carpenter

Published by **Pamenar Press**

ISBN: **978-1-915341-14-3**
J. R. Carpenter
Le plaisir de la côte
The Pleasure of the Coast

Cover art: **Ghazal Mosadeq**

Cover design and book design:
© **Studio "HEH"**-Hamed Jaberha

www.pamenarpress.com
info@pamenarpress.com

www.pamenarpress.com

Contents:

https://luckysoap.com/pleasurecoast/fr

https://luckysoap.com/pleasurecoast/en

La côte incrémentie-lle

The
Incremental
Coast

il y avait entre le navire et le quai
deux mètres d'océan incompressible

deux mètres de lumière
entre l'extrême mer et l'horizon

between the ship and the quay
lies two metres of incompressible ocean

two metres of light between the edge
of the sea and the horizon

nos travaux commencent au lever du soleil
et n'ont pas pris fin avant la nuit

toutes les précautions sont prises
pour garder contre les erreurs

par des chiffres, que je vérifie tout le jour
je trouve le compte précis des mois

qu'il me faudra subir dans l'île
avant qu'un navire fût envoyé

our labours commence at sun-rise
and do not end until nightfall

every precaution is taken
to guard against errors

by calculations, that I check every day
I arrive at the exact number of months

I will have to endure this island
before a ship will be sent to search

__ mais déjà

–

__ j'étais

__ à l'étroit

–

__ dans

–

__ ces époques

–

__ trop

–

__ petites

__ already

—

__ I am

—

__ cramped

—

__ by these

—

__ small

—

__ divisions

—

__ of time

la côte institue une sorte d'îlot
au sein de la relation courante humaine

les mois laissent leur empreinte sur moi
l'île n'a pas besoin de moi

vous voulez qu'il arrive quelque chose
et rien n'arrive

ce qui arrive à la côte
n'arrive pas au discours

comme un bouchon sur la vague
je reste immobile

the coast establishes a sort of islet
within common human relation

the months leave their notches on me
the island has no need of me

you want something to happen
and nothing happens

what happens to the coast
does not happen to the discourse

like a cork on the waves
I remain motionless

l'ennui n'est pas loin de la jouissance :
c'est la jouissance vue des rives du plaisir

boredom is not far from bliss:

it is bliss seen from the shores of pleasure

ceux qui n'ont jamais été à flot
ne peut pas savoir

les inexactitudes résultant
de petites erreurs qui se glissent dans les cartes

those who have never been afloat
cannot be aware

of the inaccuracies arising
from the slight errors that creep into charts

.

sur un rocher qui domine la mer
un mètre séparé en centimètres

le Pacifique pouvait même s'y mesurer
au millimètre

en lettres
de cinq centimètres

le début d'une phrase...
JE SUIS

on a rock that dominates the sea
a metre is divided into centimetres

the Pacific could be measured on it
to within a millimetre

carved in letters
of five centimetres in height

the beginning of a phrase...
I AM

je suis le contrôleur des poids et mesures
je ne suis pas nécessairement captivé
par la côte de plaisir

je ne suis plus
qu'un œil

I am the Controller of Weights and Measures
I am not necessarily captivated
by the coast of pleasure

I am no longer anything
but an eye

La côte technique

The
Technical
Coast

on me présente une côte
la côte me choisit

j'appelle simplement
un souvenir circulaire :

l'impossibilité
de vivre hors de la côte infinie

I am offered a coast
a coast chooses me

I summon simply
a circular memory:

the impossibility
of living outside the infinite coast

la côte doit me donner la preuve
qu'elle me désire

cette preuve existe :
c'est la côte

the coast must prove to me
that it desires me

this proof exists:
it is the coast

quelle côte ?
des exemples au moins ?

what coast?
some examples at least?

ce que je goûte dans une côte ce n'est pas directement
son contenu ni même sa structure

mais plutôt les éraflures
que j'impose à la belle enveloppe

what I enjoy in a coast is not directly
its content or even its structure

but rather the abrasions
I impose upon its fine surface

je m'assieds au bord de la mer
la tirant doucement à moi

je cours
je saute

je lève la tête
je replonge

je prévois
j'explique

je dessine
j'impose

je trace un plan horizontal
afin de me rappeler

les détails aussi minutieux
que des croquis peuvent ne pas expliquer

I seat myself by the sea
drawing it gently toward me

I read
I skip

I look up
I dip in again

I foresee
I explain

I draw
I impose

I make a horizontal plan
in order to recollect

such minute details
as sketches might not clearly explain

des milliers d'oiseaux inconnus
flottent donc autour de moi comme une langue nouvelle

vous allez être déçus
je ne pourrai vous dire le nom de ces merveilles

dès que je nomme, je suis nommé :
prise dans la rivalité des noms

thousands of unknown birds
flutter around me like a new language

you are going to be disappointed
I cannot tell you the names of these marvels

as soon as I name, I am named:
caught in the rivalry of names

j'ai découvert
j'ai conjecture

j'ai toujours pris soin d'observer
je n'ai jamais négligé de noter

j'ai mesuré
j'ai obtenu

j'ai constamment suivi
j'ai pratiqué sans cesse

j 'ai des raisons de croire
ma perfection soudain m'accable

I have discovered
I have conjectured

I have always been careful
I have never neglected to note

I have measured
I have obtained

I have constantly followed
I have unceasingly practiced

I have reason to believe
I am suddenly oppressed by my perfection

je goûte ici un excès de précision :

une sorte d'exactitude maniaque
une folie de description

here I enjoy an excess of precision:

a kind of maniacal exactitude
a descriptive madness

nous serions scientifiques par manque de subtilité

la science se posera sur le Pacifique
et la boire comme un buvard

we are scientific because we lack subtlety

science will alight on the Pacific
and drink it up like a blotter

la côte a besoin de son ombre
ses nuages nécessaires

en forme
de voile

pommelés
en balayeurs

attroupés
groupés

nuages moutonnés
nuages en coureurs

la subversion doit produire
son propre clair-obscur

the coast needs its shadow
its necessary clouds

hazy clouds
massed clouds

dappled clouds
grouped clouds

flocked clouds
torn clouds

banded clouds
running clouds

subversion must produce
its own chiaroscuro

je pars pour un autre monde
comme pour un cabotage

je fais un croquis de la terre
en commençant par les parties

qui étaient les moins susceptibles
de changer d'aspect

je savoure le règne des formules
le renversement des origines

la désinvolture qui fait revenir
la côte antérieure du côte ultérieure

I leave for another world
as for a coasting voyage

I make a sketch of the land
commencing with those parts

which were the least liable
to change in appearance

I savour the sway of formulas
the reversal of origins

the ease which brings the anterior coast
back from the subsequent coast

toute côtes devient ancien
dès qu'elles sont répétée

sans aucune magie
sans aucun enthousiasme

comme si c'était naturel
comme par miracle

comme si c'était suffisant
comme pour imiter

all coasts become old
once they are repeated

without any magic
without any enthusiasm

as if it were natural
as if by some miracle

as if it were adequate
as if to imitate

pour que la répétition soit érotique
il faut qu'elle soit formelle

in order for repetition to be erotic
it must be formal

le stéréotype
c'est la côte sans-gêne

qui prétend à la consistance
et ignore sa propre insistance

l'analyse structurale doit reconnaître
les moindres résistances de la côte

le dessin irrégulier
de ses veines

the stereotype
is of an unconstrained coast

that claims constancy
and is unaware of its own insistence

structural analysis must recognise
the slightest resistances in the coast

the irregular pattern
of its veins

je passe mes journées au bord même de la mer
mes pieds touchent l'océan

je ne sais quelle superstition me condamne
à ne pas perdre son contact

pour échapper à l'aliénation de la côte
il n'y a plus que ce moyen :

la fuite en avant

I pass my days at the very edge of the sea
my feet touching the ocean

an indefinable superstition condemns me
not to lose contact with it

there is only one way left to escape
the alienation of the coast:

      to retreat ahead of it

j'écris avec un crayon de mine de plomb
dont les traces ne sont point susceptibles

d'être effacées par l'eau de la mer
et que l'encre se résorbe

j'écris, comme une concierge
qui qui s'absente une minute

en anglais et en français
comme une concierge instruite :

je suis dans l'autre île
je reviens

I write with a metallic pencil
the marks of which are not liable

to be effaced by sea-water
and because ink evaporates

I write, like a concierge
who will be absent for a minute

in English and in French
like an educated concierge:

I'm on the other island
I'm coming back

enfin, le ciel apparait
tout le ciel

si pur
si chargé d'étoiles

alors peut-être
que la côte revient

non comme illusion
mais comme fiction

at last, the sky appears
the whole sky

so pure
so laden with stars

then perhaps
the coast returns

not as illusion
but as fiction

La côte grammaticale

The
Grammatical
Coast

la côte périme les attitudes grammaticales

the coast supersedes grammatical attitudes

après avoir reconnu la possibilité d'observer au même instant un très-grand nombre d'angles, je jugeai qu'il falloit encore chercher le moyen le plus sûr et le plus facile de désigner les positions auxquelles appartenaient ces angles, soit qu'ils fussent pris d'une station à la mer, ou d'une station à terre

l'emploi des lettres de l'alphabet et des chiffres pour désigner des objets qui n'avoient point encore de nom, conduisoit, il es vrai, au but qu'il falloit s'efforcer d'atteindre

mais, en se bornant à ce moyen, l'on s'exposoit à commettre des erreurs d'autant plus graves, qu'il n'y avoit pas à espérer de vérifications

having ascertained the possibility of measuring a great
number of angles at the same instant I conjectured that the
most correct and easy method of laying down the points
or positions corresponding with these angles taken from a
station either afloat or on shore was still to be sought for

the system of using the letters of the alphabet to denote
objects which were not yet names tended, it is true
to the attainment of this point

but, in being confined to this method the observer is exposed
to the commission of errors so much the more important as
there was not a hope of proving their existence or extent

comment une côte qui est du langage
peut-il être hors des langages ?

c'est la côte des grammairiens,
critiques, commentateurs, philologues

(c'est la phéno-côte)

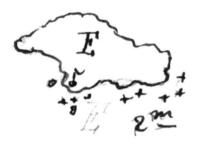

how can a coast which consists of language
be outside languages?

this is the coast of grammarians, critics,
commentators, philologists

(the pheno-coast)

si je lis cette côte avec plaisir
c'est qu'elle a été écrite avec plaisir

if I read this coast with pleasure

it's because it was written with pleasure

j'ai pris l'habitude
de me faire des mots

maintenant que j'ai une langue
à moi seule

un langage fluide
sans suffixes

ni préfixes
ni racines

les mots féminins
je les mets au masculin

le mer, le terre
et le nuit

sont devenus des êtres
d'un autre sexe que le mien

I have acquired the habit
of making words for myself

now that I have a language
of my own

a fluid language
without suffixes

prefixes
or roots

I make feminine words
masculine

the sea, the earth
and the night

have become beings
of another sex than mine

Route
de
La
Recherche

Route
of
La
Recherche

pivotant sur la jouissance intraitable
qui me lie

à une côte obéissante
conformiste, plagiaire

je mesure la distance angulaire
entre un point de départ

et un point remarquable
sur la côte mobile

vierge
d'attente

pivoting on the intractable bliss
that binds me

to an obedient, conformist
plagiarising coast

I measure the angular distance
between a starting point

and a remarkable point
on a mobile

blank
waiting coast

emporté ici et là
au gré des illusions
        séductions
        intimidations
de la côte

(apte à prendre n'importe quels contours)
(tel un bouchon sur la vague)

j'ancre
J'attends

je reste immobile
j'évite la perte de temps

bandied about
by the illusions
       seductions
       intimidations
of the coast

(ready to assume any contours)
(like a cork on the waves)

I anchor
I wait

I remain motionless
I avoid the loss of time

la migration

met ma vie
du mauvais côté

retourne la mer
sur sa surface déserte

migration

turns my life
wrong side out

turns the sea over
onto its barren side

la migration

m'entraîne
de côte en côte

de temps en temps
d'astre en astre

en modifiant
mes molécules

migration

takes me
from coast to coast

from time to time
from star to star

by transforming
my molecules

j'ai l'impression
d'avoir tout égaré

au milieu de la nuit
des heures pas prises sur le sommeil

dans ce temps éternel
tout se dissocie

I have the impression
of having mislaid everything

watchful hours spent
not taken from sleep

in this eternal time
everything falls apart

ce n'est pas vrai
qu'un navire passa un matin à peu de milles

et je n'avais encore rien de prêt
pour faire signe

ce n'est pas vrai
qu'alors je voulus mourir de faim

que je m'étendis le corps dans l'eau
pour mourir aussi noyée

que je laissai ma tête hors de la mer
pour mourir aussi d'insolation

que je pensai à toute ce qu'il y a de plus vil et de plus bas
dans le monde / pour mourir aussi d'indignité

que j'ouvris autour de moi tous les morts comme des
tuyaux à gaz / et que j'attendis

it is not true
that a ship passed one morning within a few miles

and I had nothing ready
to make a sign

it's not true
that I wanted to starve then

that I spread my body in the water
to die also of drowning

that I left my head out of the sea
to die also of sunstroke

that I thought of all that is basest and lowest in the world
to die also of indignity

that I opened all the deaths around me like gas pipes
and I waited

ce n'est pas vrai
que j'ai passais mes journées à me poncer les jambes

et à les frotter d'une poudre de nacre
qui les rendait d'argent

it is not true
that I used my days to sand my legs

to rub them with a mother-of-pearl powder
that rendered them silver

ce n'est pas vrai
que j'embrassai l'ornithorynque

je fouillai dans sa petite poche
et je n'y retrouvai rien

(maintenant vous savez tout)

it's not true
that I kissed a platypus

I rummaged through her pockets
and I found nothing

(now you know everything)

une note sur la côte

En 1785, le roi Louis XVI chargea Lapérouse de mener une expédition à travers le monde. Le but de ce voyage était de compléter les découvertes faites par Cook lors de ses trois précédents voyages dans le Pacifique.

Le 1 août 1785, Lapérouse quitte Brest avec pas moins de dix scientifiques à son bord. Le 10 mars 1788, Lapérouse quitta la colonie anglaise à New South Wales, en Australie. Il n'a plus jamais été vu par les Européens.

Le 25 septembre 1791, Entrecasteaux quitte Brest à la recherche de la disparue Lapérouse. Une de ses deux frégates de 500 tonnes s'appelait La Recherche. À son bord se trouvait un jeune hydrographe, Charles-François Beautemps-Beaupré (1766-1854).

Les cartes marines finies sont conçues pour avoir un aspect uniforme, aussi précis que possible. Les Archives nationales à Paris possèdent des centaines de feuilles de brouillons de cartes réalisées par Beautemps-Beaupré à bord de La Recherche, ainsi que des boîtes de carnets de croquis. Un mélange de dessin, écriture et chiffres. Les marques actives d'une main pratiquante. Encre de chêne sur papier rugueux. Lignes d'enquête liquides. Lignes de désir. Dessiné sur un navire flottant.

a note about the coast

In 1785 King Louis XVI appointed Lapérouse to lead an expedition around the world. The aim of this voyage was to complete the discoveries made by Cook on his three earlier voyages to the Pacific.

1 August 1785, Lapérouse departed Brest with no less than ten scientists aboard. 10 March 1788, Lapérouse departed the English Colony at new South Wales, Australia. He was never seen by European eyes again.

On 25 September 1791, Entrecasteaux departed from Brest in search of the lost Lapérouse. One of his two 500-ton frigates was named La Recherche. On board was a young hydrographer, Charles-François Beautemps-Beaupré (1766-1854).

Finished sea charts are designed to be uniform in appearance, as precise as possible. The Archives nationales in Paris holds hundreds of sheets of drafts of charts made by Beautemps-Beaupré aboard La Recherche, and boxes of sketchbooks. A mix of drawing, writing, and numbers. The active marks of a practicing hand. Oak gall ink on rough paper. Liquid lines of inquiry. Desire lines. Drawn onwards by a moving ship.

Le titre et une grande partie du texte de cette œuvre détourne Roland Barthes, *Le plaisir du texte* (1973). Le mot « texte » a été remplacé par le mot « côte » partout. Cette philosophie détournée se mêle à des croquis et des extraits de les écrits scientifiques de l'hydrographe français Charles François Beautemps-Beaupré, *Annexe au récit du voyage du contre-amiral Bruny D'Entrecasteaux* (1808). Artistique, philosophie, hydrographie - ce qui manque. Ah oui, fiction. Et les femmes. Suzanne, la première narratrice de *Suzanne et le Pacifique*, a comblé cette lacune. Dans ce roman de Jean Giraudoux, paru en 1921, une jeune française fait le tour du monde. Elle fait naufrage et survit seule sur une île du Pacifique située à peu près dans la même région que celle étudiée par Beautemps-Beaupré 1791-1793.

J'ai retenu de ces textes certaines syntaxes archaïques. Je me suis appropriée les traductions originales française et anglaise de ces textes, je les ai exagérées, détournées, corrigées et corrompues. Qui est donc l'auteur de cette œuvre ? L'auteur n'est pas mort. L'auteur est multiple : multimédia, multilingue, multivocal. « Quel corps ? » Barthes demande : « Nous en avons plusieurs. »

Cette œuvre est imparfaitement bilingue. Toutes les erreurs de traduction, de transcription et d'interprétation sont les miennes.

The title and much of the text in this work borrows from
Roland Barthes, *The Pleasure of the Text* (1975). The word
'text' has been replaced with the word 'coast' throughout.
This détourned philosophy is intermingled with sketches
and excerpts from the scientific writing by the French
hydrographer Charles François Beautemps-Beaupré,
Introduction to the Practice of Nautical Surveying (1823).
Artistry, philosophy, hydrography — what's missing. Ah, yes,
fiction. And women. This gap is filled by Suzanne, the first-
person narrator of *Suzanne et le Pacific*. In this early novel by
Jean Giraudoux, published in 1921, a young French woman
wins a trip around the world. She becomes shipwrecked, and
survives alone on a Pacific island in roughly the same region
surveyed by Beautemps-Beaupré 1791-1793.

I have retained certain antiquated syntax from these texts.
I have appropriated, exaggerated, détourned, corrected,
and corrupted both the original French and the English
translations of these texts. Who, then, is the author of
this work? The author is not dead. The author is multiple:
multimedia, multilingual, polyvocal. "Which body?" Barthes
asks, "We have several."

This work is imperfectly bilingual. All errors in translation,
transcription, and interpretation are my own.

Biblio :

Charles-François Beautemps-Beaupré (1808) *Voyage de Dentrecasteaux, envoyé à la recherche de La Pérouse.* Publié par ordre de sa Majesté l'Empereur et Roi, redigé par M. de Rossel. France. Ministère de la marine et des colonies.

Charles-François Beautemps-Beaupré (1823) *An Introduction to the Practice of Nautical Surveying, and the Construction of Sea-charts,* translated by Richard Copeland. R.H. Laurie

Roland Barthes (1973) *Le Plaisir du texte,* Paris : Editions du Seuil

Roland Barthes (1975) *The Pleasure of the Text,* translated by Richard Miller, NY : Farrar, Straus and Giroux

Jean Giraudoux (1921) *Suzanne et le Pacifique,* Paris : Éditions Émile-Paul Frères

Jean Giraudoux (1923) *Suzanne and the Pacific,* translated by Ben Rya Redman, NY & London: The Knickerbocker Press

Jean Giraudoux (1964) *Suzanne et le Pacifique,* edited with an introduction by Roy Lewis, London: University of London Press

portions of this text have been published in *The Capilano Review* and *Prototype 4*. many thanks to the editors, and remerciements à : Arnaud Regnauld et Pierre Cassou-Nogues à l'Université Paris 8 pour le commande d'œuvre; Labex Arts-H2H pour soutenir la recherche-création; Françoise Lemaire, Nadine Gastaldi, et Clothilde Roullier aux Archives nationales, pour m'avoir présenté le travail de Beautemps-Beaupré; Robert Sheldon et Stelios Sardelas pour leur amitié et soutien à Paris; Vincent Broqua pour relecture et édition, and special thanks to Ghazal Mosadeq, Hamed Jaberha, and everyone at Pamenar Press for making experimental, intertextual, multilingual books happen.

Additional Praise for The Pleasure of the Coast

The Pleasure of the Coast, through its imperfect bilingualism, questions language, dynamites its relationship with space, strangling it, fictionalizing it. Space and time are blurred by the writing process, undermining Beautemps-Beaupré's cartographic project, and perhaps even the colonial project. The work questions chronology, history, through a kind of creolization of temporalities, and thus brings out a true poetics of diversity.
– Sylviane Medard

Le Plaisir de la côte, de par son imparfait bilinguisme, interroge le langage, dynamite le rapport qu'il entretient avec l'espace en l'étrangéisant, en le fictionnalisant. Espace et temps sont brouillés par le processus d'écriture, qui mine ainsi le projet cartographique de Beautemps-Beaupré, et peut-être, le projet colonial. L'œuvre questionne la chronologie, l'histoire, à travers une forme de créolisation des temporalités, faisant ainsi émerger une véritable poétique du divers.
– Sylviane Medard

Milton Keynes UK
Ingram Content Group UK Ltd.
UKHW020653151123
432602UK00011B/116